DISCOURS

PRONONCÉ PAR

SON ÉMINENCE LE CARDINAL RICHARD

ARCHEVÊQUE DE PARIS

LE PREMIER JOUR DU TRIDUUM

CÉLÉBRÉ DANS LA CATHÉDRALE DE BELLEY

EN L'HONNEUR DU B. PIERRE-MARIE-LOUIS CHANEL

18, 19, 20 AVRIL 1890

———— ∘⟨⟩∘ ————

> *Elegi vos et posui vos ut eatis et fructum afferatis et fructus vester maneat.*
>
> Je vous ai choisis et je vous ai établis pour que vous alliez et que vous portiez du fruit et que votre fruit demeure.
>
> (Saint Jean, ch. xv, v. 16.)

MESSEIGNEURS (1),

MES TRÈS CHERS FRÈRES,

Ce n'est pas sans émotion que je monte dans cette chaire. Huit ans se sont écoulés depuis le jour où j'y montai pour la première fois. C'était le soir de mon arrivée au milieu de vous. J'étais profondément touché de l'accueil

---

(1) Mgr Ducellier, archevêque de Besançon ; Mgr Luçon, évêque de Belley ; Mgr Isoard, évêque d'Annecy ; Mgr Marchal, évêque de Sinope, coadjuteur de Bourges.

1

filial que vous faisiez au prêtre qui la veille encore vous était inconnu et que vous receviez avec empressement parce que votre foi honorait dans l'humilité et l'infirmité de sa personne Celui que saint Pierre a nommé l'évêque de nos âmes, Notre-Seigneur Jésus-Christ. C'est Lui en effet qui nous choisit et nous envoie. Si nous parlons, si nous enseignons, si nous administrons les sacrements, c'est Jésus-Christ qui parle, Jésus-Christ qui enseigne, Jésus-Christ qui sanctifie les âmes par l'effusion de sa grâce. Vous comprenez cette doctrine, Nos très chers Frères, avec l'intelligence de la foi ; et vos évêques y puisent à leur tour une humble confiance quand la volonté de Dieu leur impose le fardeau du gouvernement des âmes, redoutable aux anges mêmes suivant l'expression des saints docteurs : *onus etiam angelicis humeris formidandum.*

Or, Nos très chers Frères, en venant à vous j'avais plus d'une fois remercié Dieu au fond du cœur de la part d'héritage qu'il m'avait donnée. J'étais particulièrement frappé de l'auréole de science et de sainteté dont Dieu avait dans ces derniers temps encore couronné le clergé du diocèse de Belley. J'admirais dans les siècles passés le grand évêque saint Anthelme dont la mémoire est toujours vivante et dont la gloire semble grandir avec les siècles. Aussi est-ce une des belles traditions de votre Église de conduire vos nouveaux évêques à l'autel où repose le corps du glorieux protecteur de la cité, quand ils font leur première entrée dans cette cathédrale. N'est-il pas juste qu'ils viennent en quelque sorte recevoir de la main du grand Pontife l'héritage qui leur est échu et se mettre sous sa protection pour continuer la mission de l'épiscopat au milieu de vous ? Je ne puis m'attarder à rappeler en ce moment les noms des saints qui ont fait fleurir vos montagnes du Bugey ou vos plaines de la Bresse et des Dombes : et pourtant leurs noms me reviennent sans cesse à la mémoire et sur les lèvres depuis que j'ai foulé le sol qu'ils ont fécondé de leur sueur ou de leur sang.

Ces gloires du passé ne s'étaient pas effacées ; elles revivaient dans la génération présente ; deux prêtres qui venaient à peine de quitter la terre laissaient un nom que la postérité n'oubliera pas : l'humble et savant Gorini, le vénérable Jean Vianney, curé d'Ars.

J'admirais dans le premier le génie de la science historique s'alliant au dévouement sacerdotal dans les modestes paroisses de la Tranclière et de Saint-Denis. Pendant que les savants de la capitale s'inclinaient devant l'autorité de ses travaux historiques, les habitants de la campagne aimaient de plus en plus la sollicitude paternelle avec laquelle il savait mettre la doctrine au service des petits et des pauvres.

Le tombeau du vénérable serviteur de Dieu Jean Vianney était devenu le centre d'un pèlerinage incessant ; ou plutôt le long pèlerinage des vingt-cinq dernières années de sa vie se prolongeait encore après sa mort. Pendant un quart de siècle et plus il avait annoncé aux foules qui se pressaient dans la pauvre église d'Ars et autour de son confessionnal la parole divine avec cette onction pénétrante qui remuait si profondément les âmes. Sa voix s'était tue ; mais sa tombe parlait toujours : *Defunctus adhuc loquitur* (1)

Comment, Nos très chers Frères, mon âme n'aurait-elle point tressailli, en venant dans une contrée qui produisait

(1) Hebr., xi, 2.

de tels prêtres ? Comment ne l'aurais-je pas saluée avec respect et avec amour ?

Et voilà qu'aujourd'hui la Providence me ramène parmi vous pour célébrer la mémoire d'un prêtre, d'un religieux, d'un martyr, lui aussi enfant de ce diocèse. O Eglise de Belley vraiment féconde dans ton sacerdoce ! je voudrais essayer de montrer à tes fils combien grande est pour un peuple la bénédiction divine, quand il lui est donné de voir naître dans son sein ces élus de Dieu pour le salut du monde, à qui le Sauveur a dit : *Ego elegi vos et posui vos ut eatis et fructum afferatis et fructus vester maneat.* C'est moi qui vous ai choisis, moi qui vous ai établis pour que vous alliez, que vous portiez du fruit et que votre fruit demeure.

Le sacerdoce est pour les populations le couronnement de la vie chrétienne dont il est la plus complète et la plus glorieuse expression. Je voudrais, Nos très chers Frères, essayer de le comprendre avec vous, si Dieu daigne m'en accorder la grâce. Car c'est là ce que nous révèlent la vie et la mort du bienheureux Pierre-Marie-Louis Chanel, quand nous les méditons dans le recueillement et la prière.

Le sacerdoce se prépare dans la famille. Le foyer chrétien est le berceau des vocations sacerdotales suivant les lois ordinaires de la Providence.

Le sacerdoce entretient la vie dans les populations déjà chrétiennes par le ministère ordinaire qu'il exerce au milieu d'elles en leur apprenant à connaître Dieu et Jésus-Christ son fils : ce qui est la vie véritable suivant la parole du divin Maître : *Hæc est æterna vita ut cognoscant te solum Deum verum et quem misisti Jesum Christum* (1).

(1) Joan., XVII, 3.

Le sacerdoce conquiert les âmes qui ne sont pas encore arrivées à la lumière de l'Évangile en les éclairant et les sanctifiant par la prédication et le martyre.

Ce sont les pensées que je voudrais exposer dans ce discours. Que la très sainte Vierge Marie, patronne de la pieuse société dont le bienheureux Chanel est aujourd'hui la gloire, daigne bénir mes paroles pour qu'elle puisse édifier vos âmes !

I

Lorsque Dieu daigne se réserver un enfant dans une famille chrétienne, c'est l'honneur et la bénédiction de la famille entière. Sans doute le Seigneur est le maître de ses dons et il peut choisir ceux qu'il appelle à son service dans des milieux étrangers aux saintes habitudes de la vie chrétienne. Mais c'est la loi ordinaire de la Providence que la vocation sacerdotale naisse et grandisse au sein d'une famille dont l'existence est dirigée, fortifiée, sanctifiée par la foi et par la prière ; comme une belle fleur sort d'une tige vigoureuse et féconde et la couronne de son éclat.

Aucun spectacle n'est plus doux pour l'âme que celui d'une maison chrétienne, où le père et la mère sont vraiment par leur vertu les représentants de Dieu auprès de leurs enfants ; les représentants de son autorité, les représentants de sa providence et de sa bonté. Il suffit aux enfants de regarder et d'écouter leurs parents pour comprendre que Dieu est bon, digne d'être aimé et obéi et pour avoir l'intelligence de la prière qu'une mère pieuse met sur nos lèvres, quand elles commencent à balbutier quelques mots, *Notre Père qui ĉtes aux cieux*. Que cette demeure soit celle de l'opulence ou celle du travail, le spectacle a le même charme. Le chrétien sait, en effet, si Dieu lui a donné en plus ou moins grande abondance les biens de la terre, qu'il ne doit pas mettre son espérance dans l'incertitude des richesses, *in incerto divitiarum* (1). S'il a beaucoup, il donne beaucoup, suivant le conseil de Tobie à son fils. L'humilité et la charité ornent le foyer du riche chrétien mieux que le luxe des meubles et la somptuosité des appartements.

La demeure du travail nous présente le même charme, avons-nous dit tout à l'heure ; nous devrions dire un charme plus grand encore parce qu'elle est une image plus fidèle de la maison de Nazareth cette demeure appelée par excellence la maison de la sainte Famille.

Regardez, Nos très chers Frères, le beau spectacle que nous présente l'humble maison du village de la Potière où naquit le bienheureux Chanel. Il est le cinquième de huit enfants qui forment la couronne de Claude François Chanel, l'honnête cultivateur, et de la pieuse Marie-Anne Sibellas son épouse. Sa mère l'a consacré à la sainte Vierge dès avant sa naissance. Aussi voudra-t-il plus tard, quand il l'apprendra, ajouter le nom de Marie à celui de Pierre qui lui a été donné au baptême.

Les noms de Jésus et de Marie sont les premiers que sa mère lui apprend à prononcer, en joignant ses petites mains et élevant ses yeux vers le Ciel. Avant tout elle recommandait à ses enfants de *fuir le péché qui offense Dieu*. La paysanne de la Bresse parlait à son fils comme la reine

____

(1) I Timoth., VI, 17.

Blanche à saint Louis enfant. La paysanne et la reine formèrent chacune un Saint.

Les habitudes sont toutes chrétiennes au village de la Potière : on prie en famille soir et matin ; et quand le petit Pierre âgé de sept ans devient le gardien du troupeau de son père, sa mère ne manque jamais de lui demander avant son départ pour les champs s'il a fait sa prière. « Puis je l'embrassais, dit un jour le bienheureux Chanel en racontant sa vie de berger, je l'embrassais comme pour recevoir sa bénédiction ; elle me passait au bras un petit panier où elle avait eu soin de mettre quelques provisions et me recommandait d'être bien sage. »

Il faut lire en entier les pages où l'auteur de la vie du serviteur de Dieu a raconté les années de son enfance ; on y respire à chaque ligne le parfum de foi et de piété qui embaume les familles et les demeures chrétiennes.

Quelle suave conduite de la Providence pour amener le jeune Pierre au sacerdoce. Un bon prêtre passe souvent dans la prairie où Pierre fait paître son troupeau. Il remarque la candeur de cet enfant. Ecoutez le dialogue entre le prêtre et le berger : Comment t'appelles-tu ? — Pierre Chanel. — Quel est ton âge ? — Neuf ans et demi. — Où vas-tu à l'école ? — A Saint-Didier. — Que sais-tu ? — Pas grand'chose. Une année s'écoule : le prêtre rencontre de nouveau le berger : Eh bien ! Pierre, te voilà grand. Voudrais-tu venir à Cras ? — Oh ! oui, monsieur le curé, c'est tout mon désir.

Le digne curé de Cras poursuit son chemin, il entre dans la modeste demeure du village de la Potière. Le père et la mère du serviteur de Dieu acceptent la proposition qu'il fait de prendre leur fils au nombre des enfants qu'il prépare au sacerdoce; et quand le jeune Pierre revient avec son troupeau et raconte à sa mère la conversation qu'il vient d'avoir avec M. le curé, « Sois tranquille, Pierre, répond la chrétienne qui offre à Dieu son fils, sois tranquille, tout est arrangé. »

L'appel de Dieu avait été entendu par le jeune Pierre et par ses parents. Cet enfant vraiment béni vint, l'année même, se joindre aux écoliers qui recevaient les leçons de M. l'abbé Trompier.

Quelques années seulement s'étaient écoulées depuis que la tempête révolutionnaire s'était apaisée et que le Concordat de Pie VII avait rétabli la liberté de la foi chrétienne dans notre France. Quand on lit l'histoire de ces premières années du siècle, on est émerveillé de l'activité avec laquelle prêtres et fidèles travaillaient à relever les ruines. Nous aimons en particulier, Nos très chers Frères, à retrouver les souvenirs aujourd'hui demi-effacés des humbles écoles cléricales qui se formaient dans les presbytères. C'était quelquefois un confesseur de la foi, qui avait souffert la prison ou l'exil durant la persécution révolutionnaire. Il revenait prendre possession de sa paroisse ou d'une paroisse nouvelle que son évêque lui confiait; ou bien encore c'était un jeune prêtre qui, fortifié par l'épreuve des mauvais jours, était venu demander dès les premières ordinations, le privilège de se dévouer à l'œuvre de restauration sociale et religieuse. Les prêtres étaient rares, l'exil et le martyre avaient éclairci les rangs de la tribu sacerdotale. Ceux qui avaient survécu, qu'ils fussent les vétérans de l'ancienne Eglise de France, ou qu'ils appartinssent à la nouvelle génération lévitique, travaillaient à l'envi à la formation des ministres du sanctuaire. Ce n'étaient pas nos collèges et nos séminaires tels que nous les voyons aujourd'hui. De jeunes enfants que la main de Dieu avait marqués au front pour le sacerdoce se réunissaient dans le presbytère ou recevaient l'hospitalité chez les familles chrétiennes du village. Le prêtre qui gouvernait la paroisse partageait son temps entre les travaux de son ministère pastoral et l'enseignement des jeunes clercs. Il n'était pas rare de le voir cheminer dans les sentiers de sa paroisse pour aller consoler et visiter un malade, entouré de ses écoliers à qui il faisait la classe en marchant.

Telle était l'école presbytérale de la paroisse de Cras, sous la direction de M. l'abbé Trompier. Je l'avoue, Nos très chers Frères, ces souvenirs me ravissent ; on ressent dans ces humbles institutions à peine ébauchées le charme de la jeunesse et la bénédiction que Dieu se plaît à répandre sur les choses humbles et petites. C'est de là que sortirent en grand nombre les prêtres dévoués qui réédifièrent au prix de généreux labeurs notre belle Église de France.

Notre saint martyr appartient à cette race des serviteurs de Dieu qui se forma dans la pauvreté et la simplicité. Nous ne vous raconterons pas les détails de sa vie d'écolier. Qu'il nous suffise pour vous faire comprendre comment les années de l'école de Cras furent pour le jeune Pierre Chanel des années de bénédiction, de vous dire que là, en 1817, à l'âge de 14 ans, il fit sa première communion avec une angélique piété.

Quelques lignes écrites par lui de l'île de Futuna, presque à la veille de son martyre, disent mieux que les plus longs discours ce que fut pour le futur apôtre de l'Océanie la joie de sa première communion. « Votre paroisse me sera toujours chère, écrivait-il au curé de Cras, non seulement à cause de mes parents ; mais plus encore par le souvenir des grâces que j'y ai reçues. C'est au pied de votre autel que j'ai eu le bonheur de faire ma première communion. C'est sur votre autel que dix ans après, j'eus un nouveau bonheur, celui d'offrir pour la première fois la saint sacrifice de la messe. »

Parmi les résolutions de sa première communion, il écrivait ces mots : « Ce que j'ai le plus à craindre c'est le péché. » Ne reconnaissez-vous pas, Nos très chers Frères, la leçon de la mère chrétienne demeurée profondément gravée dans le cœur de son fils ? Elle lui avait, quand son intelligence et son cœur commençaient à s'ouvrir à la vérité, recommandé avant tout de fuir le péché qui offense Dieu. L'adolescent ne l'avait pas oublié et il ne l'oubliera jamais.

Deux paroles du jeune Pierre pendant les années de l'école de Cras vous révéleront ce que l'âme de cet enfant renfermait déjà d'amour pour Dieu et pour le prochain. On le voyait souvent s'approcher très près de l'autel : « Pourquoi vous mettre si près du saint Sacrement, lui demanda un jour une femme de la paroisse ? — Ah! je l'aime tant, répondit Pierre. » Puis, à l'interrogation de la servante du curé qui le voyait courir d'un pas précipité vers M. Trompier : « Qui vous presse donc si fort ? — Il y a un pauvre là-bas », fut la réponse du charitable enfant qui respectait dans les indigents Jésus-Christ le divin pauvre.

Deux ans s'écoulèrent et le jeune Chanel fut appelé à poursuivre ses études au petit séminaire de Meximieux, nom cher aux enfants de la Bresse et des Dombes, comme celui du petit séminaire de Belley est cher aux enfants du Bugey.

Les uns et les autres vont ensuite s'unir dans une même famille sous les vieux cloîtres du grand séminaire de Brou. Je voudrais qu'un ancien élève de chacune de ces maisons montât à ma place dans cette chaire et vînt dire les traditions de travail et de piété qui s'y maintiennent sous la direction de maîtres habiles et dévoués. Nous n'avons pas oublié les heures trop courtes que nous avons passées dans ces maisons. Si nous ne nommons pas les prêtres que nous y avons connus pour ne pas prolonger une énumération dans laquelle il nous serait difficile de nous résigner à ne pas prononcer tous les noms; laissez-nous du moins rendre hommage au vénéré M. Robelin de si douce et pieuse mémoire et dont le nom demeure béni parmi les prêtres de ce diocèse. Laissez-nous aussi rendre hommage au vénéré M. Vuillod, ce vieillard au cœur d'or dont la présence m'apportait toujours une joie nouvelle quand il me donnait l'hospitalité au séminaire de Brou. J'aimais en lui la foi robuste et le dévouement parfois un peu rude de forme des prêtres que Dieu suscita au commencement de ce siècle et à qui notre génération actuelle doit garder une éternelle reconnaissance.

Nous ne redirons pas les détails de la vie de Pierre Chanel, élève de Meximieux pendant quatre ans; du petit séminaire de Belley pendant la classe de philosophie; achevant sa préparation au sacerdoce dans le grand séminaire de Brou par les études théologiques.

Le serviteur de Dieu fut, durant les années de son éducation, l'écolier, le séminariste pieux, laborieux et fidèle à qui Dieu donna le succès dans l'étude et plus encore l'accroissement dans la vertu.

Préfet de la Congrégation de la Sainte-Vierge à Belley, grand sacristain au séminaire de Brou, il aima Notre-Seigneur, il aima Marie notre mère; doux et charitable envers ses condisciples, il fut aimé de Dieu et des hommes. « Sa vie était limpide, dit un de ses condisciples, comme le ruisseau au sortir de sa source : c'était la violette, dit-il encore, qui cache son manteau d'azur sous la mousse et qui embaume la prairie de son parfum. »

Le 15 juillet 1827, veille de Notre-Dame du Carmel, le serviteur de Dieu fut ordonné prêtre par Mgr Alexandre Raymond Devie, premier évêque de Belley après la Révolution.

Je ne puis, Nos très chers Frères, prononcer le nom de ce grand et saint évêque, sans me sentir ému jusqu'au fond de l'âme. Bientôt quarante ans se seront écoulés depuis le jour où il s'est endormi dans le Seigneur et où sa dépouille mortelle repose près du tombeau de saint Anthelme. Les vieillards qui l'ont connu, les prêtres surtout vénèrent sa mémoire. C'était l'évêque qui avait renoué la chaîne des anciens jours pour l'Église de Belley et son souvenir est demeuré parmi vous le souvenir de l'évêque par excellence. Gardez, Nos très chers Frères, gardez toujours le culte, si je puis parler de la sorte, de ce pontife qui fut véritablement l'ange de l'Église de Belley. Pour nous, nous n'oublions pas avec quelle impression profonde nous recueillîmes, il y a dix-huit ans, l'héritage de ce grand évêque sous la protection duquel nous croyions devoir vivre et mourir.

Laissez-moi, Monseigneur, vous féliciter d'avoir recueilli à votre tour cet héritage. Autour de la tombe de Mgr Devie vous retrouvez aussi le souvenir des Pontifes vénérés qui furent ses premiers successeurs et que le Seigneur a déjà appelés au repos des bons serviteurs. Nous qui sommes venus après eux et qui soutenons encore le laborieux combat de la vie épiscopale, suivant le langage de la sainte Liturgie, nous nous sentions encouragés par leurs exemples et soutenus par leur intercession. Ce peuple, Monseigneur, a reconnu en vous le digne successeur de Mgr Devie : il vous vénère et il vous aime. Je suis l'interprète de sa filiale et respectueuse affection en vous souhaitant de longs jours sur le siège de saint Anthelme pour le bonheur et la prospérité de ce diocèse.

II

Nous nous sommes attardés, Nos très chers Frères, à vous raconter les commencements du serviteur de Dieu. Peut-être était-il bon de considérer un peu longuement cette formation du prêtre qui commence au foyer domestique, se développe dans les séminaires qui sont comme la famille chrétienne agrandie et qui reçoit son couronnement par l'ordination du sacerdoce.

Le bienheureux Pierre Chanel célébra sa première messe dans l'église de Cras, entouré de sa famille. Il y donna la communion à son père et à sa mère. Le dimanche suivant, il chantait la grand'messe dans l'église de Cuet, sa paroisse natale.

Léon XIII, dans l'Encyclique *Sapientiæ christianæ* a défini en deux mots la mission de l'Église et par conséquent du sacerdoce en disant que l'Église est chargée de conserver au monde le double patrimoine de la vérité et de la charité. Ces deux mots résument toute l'action du sacerdoce au

milieu des peuples : instruire par le catéchisme et la prédication ; sanctifier et consoler les âmes par les sacrements
et la prière, voilà ce que fait le sacerdoce catholique.
Peut-être, Nos très chers Frères, ne songeons-nous pas
assez à cette action bienfaisante et nécessaire du sacerdoce,
de même que nous jouissons de la lumière et de la chaleur
du soleil sans y penser. Et pourtant supposez que le soleil
vienne à s'éteindre : ce sont les ténèbres qui envahissent la
terre ; c'est le froid qui saisit les êtres vivants. De même, que
l'Église et le sacerdoce viennent à disparaître du milieu de
nous : c'est la nuit des intelligences ; c'est l'engour-
dissement des cœurs par l'absence de l'amour de Dieu
et du prochain. Ce ne sont pas là de vaines hypothèses.
Voyez, Nos très chers Frères, ce que commencent à devenir
les pauvres enfants, là où, dans les écoles sans Dieu, ils
n'apprennent plus à prier ni à faire le signe de la croix.
« Si l'on compare ce qu'est l'instruction avec ce qu'elle
devrait être, on ne peut s'empêcher de gémir sur le sort qui
menace les générations présentes et futures, » disait un
homme d'État célèbre au commencement de ce siècle, une
année avant la naissance du bienheureux Pierre Chanel,
après dix ans de suppression du culte catholique en France
pendant la Révolution.

Le prêtre doit conserver la foi aux populations déjà chrétiennes ; mais il doit aussi la porter aux nations encore plon-
gées dans les ténèbres de l'infidélité. La vie sacerdotale du
bienheureux Pierre Chanel fut partagée entre le ministère
ordinaire du prêtre au milieu d'un pays chrétien et la mission de l'apôtre dans les pays infidèles.

Trois noms résument la première partie de sa vie sacerdotale : Ambérieux, où il remplit les fonctions de vicaire près d'un vénérable vieillard ; Crozet, dont il fut le curé pendant trois ans ; Belley. où pendant trois ans aussi il exerça successivement la charge de professeur, de directeur et de supérieur au petit séminaire.

Partout c'est le prêtre qui distribue aux âmes les trésors de la vérité et de la charité. A Ambérieux. catéchiste zélé, confesseur dévoué et prudent, il gagne tous les cœurs durant son court passage et il institue le mois de Marie alors presque inconnu en France. Mais c'est le propre des saints de deviner et de hâter l'accomplissement des desseins de Dieu pour le salut des peuples.

A Crozet il est le curé modèle : « Quand il arriva dans la paroisse, disait un vieillard en 1841. l'année même du martyre du serviteur de Dieu, on ne se confessait plus : les dimanches et les fêtes. l'église était presque vide ; les enfants livrés à eux-même n'apprenaient que le mal. Dieu est bon. ajoutait le vieillard ; au lieu de nous punir il nous traita en père et nous donna M. Chanel. »

Est-il un plus beau panégyrique du serviteur de Dieu que les paroles de ce vieillard, dix ans après le départ du saint prêtre ?

En entrant à Crozet il avait placé son ministère sous les auspices de la sainte Vierge. Il s'était souvenu aussi que saint François de Sales avait été l'évêque du pays de Gex et il avait invoqué son secours. Nous ne pouvons prononcer ce nom du pays de Gex, Nos très chers Frères, sans nous sentir de nouveau ému. Je le visitai la première année de mon épiscopat parmi vous ; à chacun de mes pas, je retrouvai la trace du bienheureux évêque de Genève et je me pris d'une grande affection pour le pays aimé et évangélisé par saint François de Sales. Chaque année j'y retournais et chaque année je me sentais attiré plus fortement vers ses habitants. Que les populations des autres parties du diocèse de Belley ne soient pas jalouses de mon affection pour le pays de Gex, je les ai toutes aimées également; mais un Père n'a-t-il pas quelque prédilection pour les enfants qu'il sait plus exposés au danger? Ces régions qui avoisinent Genève ont ressenti et ressentent encore l'influence délétère de l'hérésie et je désirais vivement leur rendre dans toute son intégrité le patrimoine de la vérité et de la charité. Puis, n'y ai-je pas connu des âmes d'autant plus généreuses qu'elles sentaient le besoin de consoler le Cœur du Divin Maître par leur fidélité? Ah! que Notre-Seigneur daigne exaucer la prière que je fais souvent pour ce pays auquel l'Église de Paris doit un tribut de reconnaissance puisqu'elle en a reçu le vénérable M. Emery, restaurateur de la Société de Saint-Sulpice après la révolution et la sœur Rosalie Rendu, dont le nom personnifie la charité dans la capitale de la France.

Le serviteur de Dieu embrassa tous les habitants de Crozet dans sa charité; il ne négligea personne; pas même les bergers qui passent l'été sur la montagne, pour garder les troupeaux. Le catéchisme, les écoles, tout fut l'objet de sa sollicitude; l'église fut réparée; la paroisse sanctifiée par une mission bénie de Dieu. Là aussi il aima et honora le très Saint-Sacrement, là aussi il aima les pauvres, les malades, les pêcheurs. Comme le divin Maître il passa en faisant le bien à Crozet. Aussi lorsqu'en 1873 nous visitions cette paroisse, nous regardions avec respect cette église où il avait prié, ce presbytère où il avait laissé les restes de son mobilier qui témoignaient que son habitation avait eu la simplicité voisine de l'indigence.

Depuis longtemps, le serviteur de Dieu aspirait à une vie plus parfaite : la Providence qui nous conduit suavement et fortement acheva de le préparer à l'apostolat par ses fonctions au petit séminaire de Belley. La Société de Marie venait de naître dans le diocèse. Le bienheureux Pierre Chanel obtint de Mgr Devie la permission d'y entrer. Le vénérable évêque avait confié à cette société la direction de son petit séminaire. C'est là que fut appelé le serviteur de Dieu. Qu'il nous suffise de caractériser d'un mot chacune des trois années qu'il passa dans cette maison.

Professeur consciencieux il préparait sa classe avec le même zèle qu'il avait préparé ses catéchismes et ses prédications paroissiales. Prêtre pieux il portait ses élèves à Dieu. « A nos yeux, il était un saint », disaient cinquante ans après les prêtres réunis à Montrevel au jour anniversaire de sa mort en 1884.

Directeur spirituel du petit séminaire, il exprima l'idée qu'il avait de ses fonctions par ces mots : « Le père spirituel d'une communauté ne devrait pas être un homme ; mais un ange. » C'est ainsi qu'il comprit et accomplit les obligations de sa charge.

Supérieur du petit séminaire, le serviteur de Dieu se fit tout à tous, pour gagner à Jésus-Christ tous ceux qu'il avait sous son autorité, maîtres, élèves, domestiques : on le nomma le *bon Pasteur*.

Le bienheureux Chanel avait accompli la tâche du prêtre au milieu d'un pays chrétien. L'heure de l'apostolat avait sonné pour lui.

Nous venons de dire que c'était en qualité de membre de la Société de Marie qu'il était venu au petit séminaire de Belley. Deux frères, MM. Colin, prêtres vénérables, avaient jeté les fondements de cette société. L'œuvre commencée humblement, comme toutes les œuvres de Dieu, grandit dans le silence et en 1836 la nouvelle société reçut l'approbation définitive du Saint-Siège. Le vicaire de Jésus-Christ lui assigna l'Océanie occidentale pour sa part dans les pays de mission.

Notre Divin Maître avant de remonter au ciel a dit à ses apôtres : *Euntes in mundum universum prædicate Evangelium omni creaturæ* (1) : Allez dans le monde entier prêcher l'Evangile à toute créature. C'est un grand honneur et une grande grâce pour le diocèse de Belley d'avoir été choisi par la Providence pour être le berceau d'une nouvelle société religieuse appelée à continuer la mission des apôtres dans les pays infidèles. Pour nous, Nos très chers Frères, nous remercions Dieu d'avoir vécu pendant quelques semaines à Rome, dans la compagnie du T. R. P. Colin. Il était bien du nombre de ces bons et fidèles serviteurs à qui le Seigneur révèle ses desseins et qu'il choisit pour les grandes œuvres parce qu'ils sont humbles et qu'ils s'oublient eux-mêmes pour Notre-Seigneur Jésus-Christ qu'ils aiment uniquement.

Le 24 septembre 1836 en la fête de Notre-Dame de la Merci, un grand acte s'accomplissait sous le regard de Dieu en la ville de Belley dans la modeste chapelle qui fut celle des Maristes. Les premiers membres de la Société firent les saints exercices de la retraite sous la présidence de Mgr Devie ; à la fin des saints exercices ils élurent canoniquement

(1) Marci, xvi, 15.

le T. R. P. Jean-Claude-Marie Colin pour leur supérieur général et tous à sa suite firent les trois vœux de pauvreté, de chasteté et d'obéissance.

Le bienheureux Chanel était au comble de ses désirs. A la grâce de la vie religieuse, Dieu avait ajouté celle de l'apostolat. Il était désigné pour faire partie de la première compagnie de missionnaires qui allait prendre possession de l'Océanie occidentale au nom de Notre-Seigneur et de la sainte Eglise.

Cinq années seulement lui restaient à passer sur la terre, cinq années avant de conquérir la couronne du martyre. Voyez, Nos très chers Frères, comme il s'élance dans la carrière apostolique. « Adieu, lui dit le vénérable Mgr Devie, recevez la bénédiction de celui qui ne vous reverra plus »; et le saint vieillard, se penchant vers le jeune apôtre, l'embrassa pour la dernière fois.

La sœur du bienheureux Chanel était religieuse à Belley, au couvent du Bon-Repos. Dans un suprême entretien, le frère exhorta sa sœur au sacrifice, à l'abnégation de la vie religieuse. La sœur exhorta son frère au dévouement de l'apostolat. Ils se dirent adieu; la foi les avait élevés au-dessus de la nature, mais l'héroïsme de l'amour divin ne détruit pas les affections du cœur et quand la jeune religieuse vit son frère s'éloigner, elle alla se mettre à genoux aux pieds de sa supérieure en lui demandant la permission de pleurer celui qu'elle ne devait plus revoir qu'au ciel.

Le serviteur de Dieu se met en route, il revoit les lieux qui ont reçu les prémices de son sacerdoce, et partout un souvenir d'édification s'attache à ses pas. *Quam speciosi pedes evangelisantium pacem, evangelisantium bona* (1)! Qu'ils

(1) Rom., x, 15.

sont beaux les pieds de ceux qui vont évangéliser la paix !
A Ambérieux il laisse aux associées de la Persévérance
cette parole : « Je ne vous dis pas adieu, mais au revoir
au ciel ». Au séminaire de Brou, son cœur déborde de joie :
« Je vais chercher mon salut bien loin, dit-il, et j'ai grand es-
poir de l'y trouver. » Il visite pour la dernière fois la maison
paternelle à la Potière : « Quand reviendras-tu, lui demande
sa vieille mère ? — Qui peut le savoir, répond l'apôtre avec
un sourire aimable ? Et puis, si l'on ne se revoit pas sur la
terre, on se reverra au ciel. »

Au moment de s'embarquer au Havre il envoie à une communauté religieuse de Lyon qui avait souhaité de recevoir des images signées de la main des missionnaires cette
réponse admirable de simplicité et d'humilité : « Ecrivez à la
place de nos noms : « Mon Dieu, ayez pitié de ces pauvres
« pécheurs que vous daignez envoyer à d'autres pécheurs
« pour les aider à se convertir. »

Le 24 décembre 1836, la petite compagnie apostolique
prenait la mer en saluant Marie par le chant de l'*Ave Maris
Stella.*

Nous n'entrerons pas dans les détails du voyage ni de la
mission du serviteur de Dieu. Il ne faut pas croire en effet,
Nos très chers Frères, que l'apostolat consiste en des actions
d'éclat. Ce serait se tromper étrangement. Sans doute Dieu
a opéré et opère des merveilles par les prédicateurs de
l'Évangile ; sans doute cette conquête incessante du monde
accomplie par le sacerdoce catholique est elle-même une
merveille permanente. Mais de même que Jésus a sauvé le
monde par l'humilité de sa vie cachée à Nazareth, par les
labeurs et les contradictions de sa vie apostolique, par les

souffrances de sa passion; de même le prêtre, de même l'apôtre conquiert les âmes par l'humiliation, l'abnégation et la souffrance.

Ainsi se révèle à nous la vie apostolique du bienheureux Chanel. Durant les longues heures et les longs mois de la traversée qui ne connaissait pas encore la rapidité de la vapeur, le serviteur de Dieu prie, souffre, fait connaître Dieu à ceux qui naviguent avec lui.

Le dimanche 12 novembre 1837, le bienheureux Chanel prenait possession de l'île de Futuna que son évêque lui avait assignée en partage. Quand il aborda sur cette terre devenue sa patrie, il se jeta à genoux, la consacra à la sainte Vierge et en signe de cette consécration suspendit à un arbre la médaille miraculeuse. Il adressa aussi sa prière à saint François d'Assise, que Mgr l'évêque de Maronée avait désigné comme le patron de l'île de Futuna. Il allait désormais dans sa hutte d'insulaire océanien embrasser la pauvreté, comme le bienheureux Pauvre d'Assise.

Pendant deux ans et demi le serviteur de Dieu vivra de la vie des sauvages. Il se nourrira de la même nourriture; il habitera une case semblable à la leur; il couchera sur la terre avec un arbre pour oreiller. Et peut-être ce qui devait lui coûter davantage encore, sauf de rares visites de ses confrères, il sera seul avec un frère. Mais il pourra bientôt célébrer la sainte messe. Au jour de l'Immaculée Conception il offrira pour la première fois le divin sacrifice dans le secret; et au jour de Noël il l'offrira pour la première fois aussi en présence des insulaires.

Au milieu de ses privations et de ses souffrances, le bienheureux Pierre Chanel écrit dans son journal : « Dieu connaît ceux qui sont à lui et les fait surabonder de joie au milieu de leurs tribulations. » C'est là le secret de sa confiance au milieu de l'abandon et du péril ; de sa paix au milieu de la stérilité apparente de son ministère. Pendant trois ans il évangélisa Futuna et pendant trois ans il baptisa à peine quarante-cinq personnes presque toutes des enfants en danger de mort : il ne réunit que quelques catéchumènes.

Les difficultés croissent, la persécution approche, les conseils homicides se forment ; les meurtriers arrivent dans la case du missionnaire ; ils frappent et le bienheureux Chanel prononce cette parole : « Ma mort n'est pour moi qu'un grand bien. » N'est-ce pas la parole de saint Paul : *Mihi vivere Christus est et mori lucrum* (1). Jésus-Christ est pour moi la vie et la mort m'est un gain. Il répète encore : « La mort est un bien pour moi ». Un dernier coup de hache fend la tête du martyr et son âme s'envole au ciel. Au même instant le ciel auparavant serein s'obscurcit, une détonation semblable à un grand coup de tonnerre se fit entendre et la sérénité se fit de nouveau dans le ciel.

Le Sauveur a dit : *Nisi granum frumenti cadens in terram mortuum fuerit, ipsum solum manet, si autem mortuum fuerit, multum fructum affert* (2) : Si le grain de froment n'est jeté en terre et ne meurt il demeure stérile ; s'il meurt il produit des fruits abondants. C'est dans sa personne adorable que s'est d'abord accompli cet oracle ; il s'accomplit encore dans la personne de ses serviteurs. Deux ans après la mort du bienheureux Chanel, l'île de Futuna était chrétienne ; le sang du martyr avait été une semence féconde. Il avait triomphé dans la mort.

(1) PHILIP., I, 21. — (2) JOAN., XII, 24, 25.

Les circonstances de sa sépulture eurent quelque analogie avec celles de la sépulture du Sauveur. Des femmes, touchées de la vertu du martyr, s'approchèrent de sa maison après le départ des meurtriers, lavèrent son corps ensanglanté, l'oignirent d'huile, l'ensevelirent dans trois morceaux d'étoffe du pays et l'on déposa les dépouilles mortelles du Bienheureux dans une fosse creusée à quelques pas du lieu où il avait souffert et versé son sang pour le Roi des martyrs. C'est là que ses frères en religion vinrent deux ans après les chercher afin de les conserver comme leur plus riche trésor. Alors commença sur la terre la glorification de ces ossements sacrés qui éclate aujourd'hui dans l'Église entière ; image et prélude de la gloire dont ils seront revêtus dans le ciel.

Nous venons, Nos très chers Frères, de vous raconter l'une des pages de l'histoire du sacerdoce catholique en racontant la vie du bienheureux Pierre-Marie-Louis Chanel. O Eglise de Belley, terre vraiment féconde, tu auras vu dans ce siècle deux de tes prêtres couronnés de l'auréole de la sainteté. Le bienheureux Chanel porte la palme du martyr, le vénérable curé d'Ars a reçu la couronne des confesseurs. Sans doute nous ne pouvons pas encore lui offrir les hommages publics dus aux saints dont l'Église a approuvé le culte. Mais le vicaire de Jésus-Christ, en signant l'introduction de sa cause, l'a placé au rang de ces hommes vénérables que les fidèles doivent entourer de leur respet et de leur amour. Puissions-nous bientôt célébrer en son honneur une fête semblable à celle que nous célébrons aujourd'hui en l'honneur du bienheureux Pierre Chanel !

Puissè-je, Nos très chers Frères, vous avoir, avec la bénédiction de Notre-Seigneur, aidé à mieux comprendre la
mission du sacerdoce catholique, à mieux comprendre que
le sacerdoce est la couronne et la récompense donnée par
Dieu aux familles chrétiennes.

O Église de Belley, quand la Providence m'appela dans la
capitale de la France je me consolais et m'encourageais par
le souvenir de saint Vincent de Paul qui lui aussi quitta
en pleurant Châtillon-les-Dombes pour venir à Paris : je ne
vous oublierai jamais, disait-il aux bons habitants qui étaient
réunis autour de lui. Je vous ai dit la même parole au départ
il y a quinze ans, Nos très chers Frères ; je la redis aujourd'hui
avec la même affection du haut de cette chaire. Saint Vincent
de Paul donna son cœur à Paris ; il y est resté pour nous le
modèle et le patron du clergé ; mais il n'enleva pas ce
cœur aux habitants de Châtillon. Et moi aussi j'ai donné
mon cœur aux âmes de cette immense cité qui semble ré-
sumer en elle la France entière ; mais je ne l'ai pas enlevé
aux habitants du diocèse de Belley qui me restera toujours
cher.

J'avais espéré dormir mon dernier sommeil, non loin de
la tombe de saint Anthelme, au pied de l'autel du Très-
Saint-Sacrement. Je vous fais une prière avant de descendre
de cette chaire, c'est que vous vous souveniez quelquefois
devant Dieu de votre ancien évêque quand il aura quitté
ce monde, puisque les années en se multipliant pour moi
m'avertissent de détourner les regards de la terre pour les
porter vers l'éternité. Ainsi soit-il.

19866. — Paris, F. Levé, imprimeur de l'Archevêché, rue Cassette.

www.ingramcontent.com/pod-product-compliance
Ingram Content Group UK Ltd.
Pitfield, Milton Keynes, MK11 3LW, UK
UKHW031714170726
13836UKWH00001B/233